Zeitraum des Praktikums: vom ______________ bis zum ______________

Mein **Praktikumsberuf** heißt: ____

Mein Praktikumsbetrieb

Name: ____

Straße: ____ Nr. ________

PLZ: __________ Ort: ____

Telefon: ____

Internetadresse: ____

AF638272

Mein Betreuer/meine Betreuerin im Betrieb

Name: ____

Telefon: ____

Meine Adresse

Name: ______________________________

Straße: ____________________ Nr.: ____

PLZ: _____ Ort: ____________________

Tel.: ______________________________

Adresse meiner Schule

Name: ______________________________

Straße: ____________________ Nr.: ____

PLZ: _____ Ort: ____________________

Tel.: ______________________________

Meine Ansprechpersonen an der Schule während des Praktikums

Name: ______________________________ Telefon: ____________________

Name: ______________________________ Telefon: ____________________

Warum soll ich eine Praktikumsmappe führen?

○ … um Fachbegriffe und deren Bedeutung zu notieren.

○ … um wichtige Informationen und Materialien zusammenzustellen und zu ordnen.

○ … damit ich im Betrieb gezielt Fragen stellen und die Antworten aufschreiben kann.

○ … um meine Fortschritte festzuhalten.

○ … damit ich später eine gut begründete Entscheidung bei der Berufswahl treffen kann.

○ … um Tipps zu bekommen, damit mein Praktikum gut gelingt.

○ … um schon mal das Schreiben des Berichtshefts in der Ausbildung zu üben.

○ … um über meine Fähigkeiten und Interessen nachzudenken und die Ergebnisse zu notieren.

1 Kreuze drei Argumente an, die du für besonders wichtig hältst.

2 Du sollst über deine **eigenen** Fähigkeiten nachdenken. Schreibe auf, warum.

____

____

Eine Praktikumsmappe sollte gut geführt sein. Überlegt gemeinsam, worauf es dabei ankommt.
Was denkt ihr: Worauf werden eure Lehrkräfte achten?

3 Notiere fünf Kriterien, die du erfüllen solltest, damit du für deine Mappe eine gute Bewertung bekommst.

1. ______________________________________
2. ______________________________________
3. ______________________________________
4. ______________________________________
5. ______________________________________

Mein Steckbrief

Name: ______________________________

Alter: ______________ Klasse ______________

Meine Interessen und meine Fähigkeiten

Das sind meine Interessen. Das mache ich gerne: → ______________________________

____

Diese Berufe finde ich interessant: → ______________________________

____

Diese Fähigkeiten und Eigenschaften bewundere ich bei anderen: → ______________________________

____

Diese Fähigkeiten habe ich. Das kann ich selber schon gut: → ______________________________

____

Diese Fähigkeiten habe ich noch nicht so richtig. Darin würde ich mich gerne verbessern: → ______________________________

____

Meine bisherigen Erfahrungen in der Arbeitswelt

Das habe ich schon gemacht, um Geld zu verdienen (z. B. Ferienjob, Babysitten, Zeitungen austragen): → ______________________________

____

In diesen Berufen habe ich schon praktische Erfahrungen gemacht, zum Beispiel in der Schülerfirma, im Praktikum oder beim Berufswahltag: → ______________________________

____

Mein diesjähriges Betriebspraktikum

Das mache ich, damit mein Praktikum ein Erfolg wird: → ______________________________

____

____

Welche Kompetenzen werden von mir erwartet?

Kompetenzen sind Fähigkeiten. In den verschiedenen Berufsfeldern werden unterschiedliche Kompetenzen von den Mitarbeiterinnen und Mitarbeitern erwartet.

- Ein Altenpfleger muss andere Kompetenzen haben als ein Koch oder eine Köchin.
- Eine Verkäuferin benötigt andere Kompetenzen haben als ein Straßenbauer.

Die meisten Kompetenzen kann man erlernen. Es gibt **drei Arten** von Kompetenzen.

Soziale Kompetenzen helfen dabei, gut mit anderen Menschen zusammenzuarbeiten.

Körperliche Kompetenzen helfen dabei, körperlich anstrengende Arbeiten zu erledigen.

Geistige Kompetenzen werden benötigt, um Aufgaben durch Nachdenken zu lösen.

Mein Praktikumsberuf heißt: ______________________________

❶ Überlege: Wie wichtig sind die einzelnen Kompetenzen für deinen Praktikumsberuf? Kreuze an. (++ = sehr wichtig / + = wichtig / – = nicht so wichtig / –– = unwichtig)

Soziale Kompetenzen	++	+	–	––
geduldig sein				
teamfähig sein				
kommunikationsfähig sein				
tolerant sein				
freundlich und höflich sein				
selbstbewusst sein				
Kritik vertragen				

Soziale Kompetenzen	++	+	–	––
sich in andere einfühlen				
Stress aushalten				
selbstständig arbeiten				
Verantwortung übernehmen				
Beratungsgespräche führen				
zuhören				
Mut machen				

a) Notiere eine wichtige „soziale Kompetenz“ für deinen Praktikumsberuf.

→ ______________________________

b) Warum ist diese Fähigkeit wichtig? Begründe mit einem Beispiel.

→ ______________________________

____

Ich bin Altenpflegerin; ich muss viele Gespräche führen.

Körperliche Kompetenzen	++	+	–	– –
gute Körperkraft haben				
lange stehen				
lange sitzen				
Ausdauer haben				
schnell arbeiten				
eine ruhige Hand haben				
gute Augen haben				
schwindelfrei sein				
reaktionsschnell sein				

Körperliche Kompetenzen	++	+	–	– –
handwerklich geschickt sein				
Lärm aushalten				
Geruchsbelästigung aushalten				
keine Allergien haben				
jedes Wetter aushalten				
das Gleichgewicht gut halten				
sportlich sein				

c) Notiere eine wichtige „körperliche Kompetenz“ für deinen Praktikumsberuf.

→ ______________________________

d) Warum ist diese Fähigkeit wichtig? Begründe mit einem Beispiel.

→ ______________________________

____

Als Servicekraft im Gastgewerbe darf mir nichts vom Tablett fallen.

Geistige Kompetenzen	++	+	–	– –
Fachwissen haben				
ein gutes Gedächtnis haben				
lernfähig sein – Neues lernen wollen				
sich konzentrieren				
gut rechnen				
fehlerfrei schreiben				
sich mündlich gut ausdrücken				

Geistige Kompetenzen	++	+	–	– –
sich schriftlich gut ausdrücken				
logisch denken				
sorgfältig arbeiten				
kreativ sein				
technisches Verständnis haben				
gut beobachten				
guten Geschmack bei Farben haben				

e) Notiere eine wichtige „geistige Kompetenz“ für deinen Praktikumsberuf.

→ ______________________________

f) Warum ist diese Fähigkeit wichtig? Begründe mit einem Beispiel.

→ ______________________________

____

Ich bin Malerin und muss wissen, welche Farbe zu einer anderen passt.

Sicherheitskennzeichen am Arbeitsplatz

Im Betrieb müssen alle Mitarbeiterinnen und Mitarbeiter die Sicherheitsvorschriften beachten. Dies gilt für alle, die sich im Betrieb aufhalten. Niemand darf die eigene Gesundheit oder die Gesundheit von Kolleginnen und Kollegen gefährden. Für die Sicherheit gibt es **fünf verschiedene Arten von Schildern** mit leicht zu verstehenden Darstellungen. Diese werden auch **Piktogramme** genannt.

1 Im Folgenden findest du einige Beispiele für die fünf Arten von Sicherheitszeichen. Schreibe jeweils auf die Linien unter den Schildern die entsprechende Bedeutung. Eine Lösungshilfe mit den genauen Formulierungen findest du in den Kästen.

a) **Rettungszeichen** weisen auf Einrichtungen, Geräte und Rettungswege hin, die bei Unfällen und Gefahren für die Rettung von Personen wichtig sind. Rettungszeichen sind **rechteckig** und haben einen **weißen Rand**. Sie haben einen **grünen Hintergrund** und ein **weißes Piktogramm**.

Rettungszeichen
- Rettungsweg
- Sammelzeichen
- Erste Hilfe

1 ____________________

2 ____________________

3 ____________________

b) **Verbotszeichen** zeigen an, was man auf gar keinen Fall tun darf. So sollen Gefahren vermieden werden. Verbotszeichen sind immer **rund** mit **weißem Hintergrund** und einer **roten Umrandung**. Das **schwarze Piktogramm** ist **rot durchgestrichen**.

1 ____________________

____

____

Verbotszeichen
- Kein Trinkwasser
- Zutritt für Unbefugte verboten
- Eingeschaltete Mobiltelefone verboten
- Keine offene Flamme; Feuer, offene Zündquelle und Rauchen verboten

2 ____________________

____

3 ____________________

____

4 ____________________

____

c) **Gebotszeichen** zeigen an, welche Schutzmaßnahmen man vornehmen muss. Gebotszeichen sind **rund** mit **weißem Rand**. Das **Piktogramm** ist in **weißer Farbe** auf **blauem Hintergrund** gestaltet.

Gebotszeichen
- Gehörschutz benutzen
- Kopfschutz benutzen
- Augenschutz benutzen

1 ______________________

2 ______________________

3 ______________________

d) **Warnzeichen** weisen auf Gefahren hin und fordern zu vorsichtigem Verhalten auf. Warnzeichen sind immer **dreieckig**. Sie haben eine **schwarze Umrandung**, einen **gelben Hintergrund** und ein **schwarzes Piktogramm**.

Warnzeichen
- Allgemeines Warnzeichen
- Warnung vor gefährlicher elektrischer Spannung
- Warnung vor feuergefährlichen Stoffen
- Warnung vor giftigen Stoffen

1 ______________________

2 ______________________

3 ______________________

4 ______________________

e) Zudem gibt es **Brandschutzzeichen**. Sie geben für den Brandfall Hilfe. Sie haben eine **weiße Umrandung**. Das **weiße Piktogramm** steht vor einem **roten Hintergrund**.

Feuerlöscher

2 Finde mithilfe des Internets heraus, welche weiteren Sicherheitskennzeichen es gibt.

Vorbereitung

Welche Rechte habe ich im Betriebspraktikum?

Im Jugendarbeitsschutzgesetz (JArbSchG) finden sich alle Bestimmungen, die die Arbeit von Kindern und Jugendlichen regeln.

Ab dem Alter von 14 Jahren dürfen Schülerinnen und Schüler ein Betriebspraktikum machen.

Die tägliche Arbeitszeit darf nicht länger als sieben Stunden dauern.

Die Arbeitszeit je Woche darf dabei höchstens 35 Stunden betragen.

Eine Broschüre des Bundesministeriums für Arbeit und Soziales

Aus dem Jugendarbeitsschutzgesetz

§4 Arbeitszeit
Absatz 1: Tägliche Arbeitszeit ist die Zeit vom Beginn bis zum Ende der täglichen Beschäftigung ohne die Ruhepausen.

§11 Ruhepausen
Absatz 1: ... Ruhepausen müssen mindestens betragen
1. 30 Minuten bei einer Arbeitszeit von mehr als viereinhalb Stunden bis zu sechs Stunden.
2. 60 Minuten bei einer Arbeitszeit von mehr als sechs Stunden.

Als Ruhepause gilt nur eine Arbeitsunterbrechung von mindestens 15 Minuten.

Ewa macht ihr Betriebspraktikum als Einzelhandelsverkäuferin in einem Bekleidungsgeschäft. Sie arbeitet von Montag bis Freitag.
Arbeitsbeginn ist um 9:30. Von 10:30 bis um 10:45 hat sie eine Frühstückspause. Ihre Mittagspause dauert von 13:15 bis um 14:00. Um 17:00 endet ihr Arbeitstag.

1. Wie lange arbeitet Ewa täglich ohne Pausen?

   ____

2. Ist die Arbeitszeit okay? ○ ja ○ nein

   Begründe mithilfe des Gesetzes.

   ____

   ____

   ____

3. Wie lange hat sie täglich Pause?

   ____

4. Reichen die Pausen? ○ ja ○ nein

   Begründe mithilfe des Gesetzes.

   ____

   ____

   ____

Wie soll ich mich verhalten?

Ich erwarte nicht, dass Praktikantinnen oder Praktikanten alles können. Sie sollen unseren Betrieb und den Beruf kennenlernen. Sie sollen zuverlässig und höflich sein. Ein gutes Betriebsklima ist uns wichtig.
Außerdem gilt: Der Kunde ist König! Das entsprechende Verhalten erwarten wir von den Jugendlichen. Wer teamfähig ist und gut mitarbeitet, kann bei uns nützliche Kontakte für die Zukunft knüpfen.

1 Halte dich an die Verhaltensregeln. Dann hast du gute Chancen auf ein erfolgreiches Praktikum. Verbinde die Satzteile zu wichtigen Verhaltensregeln.

Wenn du krank bist, ○	○ trödele nicht.
Ab dem dritten Krankheitstag ○	○ du etwas nicht verstanden hast.
Beachte immer ○	○ die zu dem Beruf und dem Betrieb passt.
Arbeite zügig und ○	○ benötigst du ein ärztliches Attest.
Frage nach, wenn ○	○ gehört, denn wer klaut, der fliegt sofort.
Trage eine Arbeitskleidung, ○	○ alle Sicherheitsvorschriften.
Nimm dir nichts, was dir nicht ○	○ an deine Lehrerin/deinen Lehrer.
Wende dich bei echten Problemen ○	○ melde dich vor Arbeitsbeginn telefonisch ab.

2 Auf den Zeichnungen sind weitere wichtige Verhaltensregeln angedeutet. Formuliere zu jeder Zeichnung allgemeine Verhaltensregeln für das Betriebspraktikum.

→ ______________________________

____

____

→ ______________________________

____

____

→ ______________________________

____

____

Was erwarte ich von meinem Praktikum?

Ich möchte erfahren, worin ich mich schulisch und im Verhalten noch verbessern sollte.

Ich möchte ausprobieren, ob mir der Beruf liegt.

Ich möchte nützliche Kontakte knüpfen.

Ich möchte sehen, wie ich in der Arbeitswelt zurechtkomme. Dort gibt es andere Anforderungen als in der Schule.

Ich hoffe auf Tipps von Kolleginnen und Kollegen für meine Zukunft.

Ich kenne meinen Wunschberuf schon. Ich möchte meine Fähigkeiten darin verbessern.

Ich möchte versuchen, in dem Betrieb einen Ausbildungsplatz zu bekommen.

1. Notiere drei Ziele, für die du dein Betriebspraktikum nutzen möchtest.

→ ______________________________

→ ______________________________

→ ______________________________

2. Was erhoffst du dir bezüglich der Arbeit, die du im Praktikum machen musst.

Die Arbeit soll … ______________________________

____

Meine Hoffnungen für das Praktikum

3. Was erhoffst du dir? Kreuze drei Punkte an, die dir besonders wichtig sind.

○ Freundlichkeit	○ Geduld	○ Respekt
○ Zeit für meine Fragen	○ Lob	○ Unterstützung
○ Gute Erklärungen	○ Tipps und Vorschläge	○ ______________

4. Notiere, welche Ziele du beruflich in den nächsten drei Jahren erreichen möchtest.

____

____

Meine Befürchtungen für das Praktikum

Es ist völlig normal, wenn du vor dem Beginn des Praktikums etwas aufgeregt bist. Auch viele Erwachsene sind nervös, wenn sie eine neue Stelle beginnen.

5 Bist du aufgeregt vor dem Praktikum? Kreuze an. ○ sehr ○ etwas ○ nein

6 Überlege für die Situationen, wie sich die Praktikanten verhalten sollten. Notiere.

Maria macht ihr Praktikum in einer Kfz-Werkstatt. Der Azubi im 2. Lehrjahr gibt Maria immer Arbeitsaufträge in einem unfreundlichen Ton. Maria nervt das, sie akzeptiert nur den Chef. Wie sollte sich Maria verhalten?

____

____

____

____

Tolga macht sein Praktikum in einem Haushaltswarengeschäft. Beim Einräumen von Regalen fällt ihm eine Schüssel auf den Boden und zerbricht. Er tut so, als ob nichts passiert wäre. Welche Tipps kannst du ihm geben?

____

____

____

____

Die Erwartungen des Betriebes

7 Überlege, was der Betrieb von den Praktikantinnen und Praktikanten erwartet. Notiere mindestens fünf Erwartungen in Stichworten.

____

____

____

Meine Ziele für den ersten Tag im Praktikum

8 Notiere in einem Satz, was du dir für den ersten Tag im Praktikum vornimmst.

____

Ich informiere mich im Internet über einen Betrieb

1 Die meisten Betriebe präsentieren sich auf einer Webseite im Internet. Informiere dich schon vor deinem Praktikum. Notiere die Internetadresse.

www. ____

2 Notiere den Slogan (ein kurzer Satz oder ein Wort), den der Betrieb verwendet.

____

3 Wie ist dein erster Eindruck von der Internetseite? Kreuze an.

Die Internetseite des Betriebes			
… sieht ansprechend und gut aus.			
… ist übersichtlich aufgebaut.			
… zeigt informative Fotos, Grafiken und Schaubilder.			
… informiert über die Preise der Produkte/Dienstleistungen.			
… informiert darüber, wie der Betrieb arbeitet.			
… informiert über die Chefin/den Chef.			
… informiert über die Mitarbeiter/-innen.			
… informiert über Stellenangebote.			
… informiert, wie man Kontakt aufnehmen kann.			
… informiert über die Anfahrt zu dem Betrieb.			

4 Notiere, was du über die Leistungen des Betriebs erfährst. Welche Produkte oder Dienstleistungen werden angeboten?

____

____

____

____

____

5 Notiere, welche sozialen Medien dein Praktikumsbetrieb nutzt.

____

6 Notiere, welche interessanten Informationen du noch auf der Internetseite des Betriebes findest.

____

____

Mein erster Tag im Praktikum

Zu dieser Uhrzeit habe ich das Haus verlassen: ____________ Uhr

Zu dieser Uhrzeit bin ich beim Betrieb angekommen: _________ Uhr

Arbeitsbeginn: ___________ Uhr **Arbeitsende**: ____________ Uhr

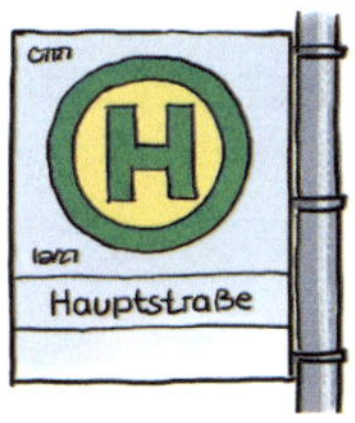

So bin ich zum Betrieb gekommen:

____

____

So heißt mein Vorgesetzter/meine Vorgesetzte:

____

Mit diesen Kollegen und Kolleginnen habe ich zusammengearbeitet:

____

Diese Arbeiten wurden mir gezeigt:

____

____.

Mein erster Tag: Rückblick

1 Kreuze an

	ja	etwas	nein
Ich bin pünktlich gewesen.			
Ich habe alle höflich begrüßt.			
Man hat mir meine Aufgabe freundlich erklärt.			
Ich habe Fragen zur Arbeit gestellt.			
Ich habe meine Arbeit gut erledigt.			
Mein erster Tag ist gut verlaufen.			

2 Das nehme ich mir für den nächsten Tag im Praktikum vor.

____

____

Mein Praktikumsbetrieb

Um genauere Informationen über den Betrieb zu bekommen, musst du jemanden befragen, zum Beispiel die Chefin oder einen Kollegen. Denk daran, dass sie nicht immer Zeit haben. Schließlich müssen alle ihre Arbeit erledigen. Am besten fragst du in einem günstigen Moment nach einem Termin für ein kurzes Gespräch.

Die **Öffnungszeiten** des Betriebs sind: von ___________ Uhr bis ___________ Uhr

Frühstückspause: ______ bis ______ Uhr **Mittagsspause**: ______ bis ______ Uhr

Die Mitarbeiter des Betriebes

Gesamtzahl: __________ , davon Auszubildende: ___________

1 a) Bildet der Betrieb junge Menschen aus? Kreuze an. ○ ja ○ nein
b) Wenn ja, in welchen Berufen bildet der Betrieb aus?

____

2 a) Gibt es angelernte Mitarbeiter/ -innen ohne Berufsausbildung? ○ ja ○ nein
b) Welche Arbeiten erledigen die angelernten Mitarbeiterinnen und Mitarbeiter?

____

Abteilungen und Tätigkeiten

3 Größere Betriebe haben verschiedene Abteilungen. Notiere drei Abteilungen deines Betriebes. Schreibe dazu, welche Tätigkeiten dort jeweils ausgeübt werden.

Abteilung:	Diese Tätigkeiten werden dort ausgeübt:
a) ______________ ______________	______________________________ ______________________________
b) ______________ ______________	______________________________ ______________________________
c) ______________ ______________	______________________________ ______________________________

4 Notiere, in welcher Abteilung du arbeitest. ______________________

Einnahmen und Ausgaben des Betriebes

- Jeder Betrieb hat das Ziel hohe Einnahmen zu erzielen.
- Von den Einnahmen müssen die Ausgaben des Betriebes bezahlt werden.
- Nur wenn die Einnahmen höher sind als die Ausgaben, dann erzielt der Betrieb einen Gewinn.

Einnahmen minus Ausgaben = Gewinn

1. Betriebe verkaufen Produkte und Dienstleistungen. Notiere, womit dein Betrieb Einnahmen erzielt.

___

___

___

2. Jeder Betrieb hat Ausgaben. Notiere möglichst viele verschiedene Ausgabeposten eines Betriebes. Befrage dazu auch deinen Chef/deine Chefin.

___

___

___

3. Ein Betrieb kann höhere Einnahmen erzielen, wenn die Kundenwünsche erfüllt werden. Notiere, was die Kundschaft von deinem Betrieb erwartet.

___

___

___

4. Betriebe wollen neue Kundinnen und Kunden gewinnen und alle sollen wiederkommen. Notiere, wie dein Praktikumsbetrieb um Kundschaft wirbt.

___

___

Ich erkunde meinen Praktikumsberuf

Um deinen Praktikumsberuf zu erkunden, solltest du im Betrieb Folgendes tun:
- Beobachte genau, wie die Kolleginnen und Kollegen ihre Arbeit verrichten.
- Befrage Kolleginnen und Kollegen, wenn es eine gute Gelegenheit gibt.
- Erledige deine Arbeit immer korrekt und sorgfältig. Auch dabei lernst du viel.
- Schreibe deine Erfahrungen mit den richtigen Fachbegriffen auf. So festigst du dein Wissen.

1 Beantworte die **drei Leitfragen** für die Erkundung eines Berufes.

1 – Was wird gearbeitet?	**2 – Womit wird gearbeitet?**	**3 – Wo wird gearbeitet?**

1. Was wird gearbeitet?

a) Notiere sieben Tätigkeiten, die du während des Praktikums erledigst.

1. ______
2. ______
3. ______
4. ______
5. ______
6. ______
7. ______

b) Als Praktikantin oder Praktikant darfst du im Betrieb nicht alle Arbeiten übernehmen. Diese Aufgaben muss die Chefin oder der Chef oder jemand anders aus dem Betrieb erledigen. Notiere fünf Arbeiten, die du nicht machen kannst oder darfst.

1. ______
2. ______
3. ______
4. ______
5. ______

2. Womit wird gearbeitet?

a) In jedem Beruf wird mit besonderen Werkzeugen, Maschinen und Rohstoffen gearbeitet. Nenne die Fachbegriffe für fünf Werkzeuge, Maschinen und Rohstoffe, die in deinem Praktikumsbetrieb für die Arbeit genutzt werden. Schreibe jeweils dazu, wofür sie genutzt werden.

Werkzeug/Maschine/ Rohstoff	Dafür wird das Werkzeug/die Maschine/der Rohstoff genutzt:
1. ______________	1. ______________________________
2. ______________	2. ______________________________
3. ______________	3. ______________________________
4. ______________	4. ______________________________
5. ______________	5. ______________________________

3. Wo wird gearbeitet?

a) Wie wird dein Arbeitsort im Betrieb genannt? Kreuze an.

○ Lager	○ Küche	○ Feld, Stall
○ Laden/Verkaufsraum	○ Praxis	○ Garten
○ Baustelle	○ Büro	○ Werkstatt
○ bei Kunden/Kundinnen	○ Fabrikhalle	○ ______________

b) Wie sieht dein Arbeitsplatz aus? Wie ist er eingerichtet? Beschreibe.

____

____

____

Informationen und Meinungen zu Ausbildung und Beruf

Ich befrage meine Kollegin und informiere mich im Internet, zum Beispiel unter www.planet-beruf.de

Allgemeines zur Ausbildung

Berufsbezeichnung:

____

erforderlicher Schulabschluss:

____

Dauer der Ausbildung: ________ Jahre

Arbeitszeiten und Urlaub für Auszubildende

Wochenarbeitszeit: ________ Stunden

Urlaubstage im 1. Lehrjahr: ________

Urlaubstage im 2. Lehrjahr: ________

Monatliche Ausbildungsvergütung

im 1. Ausbildungsjahr: ________ Euro

im 2. Ausbildungsjahr: ________ Euro

im 3. Ausbildungsjahr: ________ Euro

Verdienst nach der Ausbildung

möglicher Verdienst im ersten Jahr

nach der Ausbildung: ________ Euro

Befrage einen Kollegen oder eine Kollegin nach persönlichen Erfahrungen.

Name: ______________ Beruf: ________________ im Betrieb seit : ______

1. *Was haben Sie getan, um ihre Stelle in diesem Betrieb zu bekommen?*

   ____

2. *Welche besonderen Fähigkeiten und Kenntnisse braucht man für diesen Beruf?*

   ____

   ____

3. *Was gefällt Ihnen an diesem Beruf?*

   ____

4. *Welche Nachteile hat der Beruf für Sie?*

   ____

5. *Welche drei Tipps geben Sie Jugendlichen, die diesen Beruf ergreifen möchten?*

→ ______________________________

→ ______________________________

→ ______________________________

Joel macht ein Praktikum als **Fachkraft für Gastronomie** in einem Hotel. Eine seiner Arbeiten ist das korrekte Eindecken der Tische für das Mittagessen.

Tipps zur Beschreibung eines Arbeitsvorgangs:

- Notiere dir immer zuerst Stichworte.
- Beschreibe den Vorgang möglichst genau in der richtigen Reihenfolge.
- Verwende die Fachbegriffe.
- Schreibe vollständige Sätze.

Joels Arbeitsvorgang: Einen Tisch eindecken

- Zuerst sehe ich mir genau an, wie ein korrekt eingedeckter Tisch in meinem Restaurant aussehen soll.
- Dann lege ich eine saubere Tischdecke auf den Tisch.
- Danach nehme ich das Besteck aus dem Schrank und prüfe kurz, ob alles richtig sauber ist.
- Ich lege Messer und Suppenlöffel auf die rechte Seite. Die Gabel lege ich nach links. Den Dessertlöffel lege ich quer davor. Der Abstand muss immer gleich sein.
- Ich lege eine saubere, gefaltete Serviette zwischen das Besteck.
- Schließlich stelle ich die Wein- und Wassergläser an die richtigen Positionen.
- Zum Schluss prüfe ich, ob ich alles richtig platziert habe.

1 Beschreibe einen Arbeitsvorgang aus deinem Praktikum.

Diesen Arbeitsvorgang beschreibe ich: ______________________

Meine Stichworte: ______________________

____

____

Meine Beschreibung: Zuerst ______________________

____

____

____

____

____

____

____

Digital+
Vorlage zur Beschreibung eines Arbeitsvorgangs
WES-145081-001

Ein Tagesbericht – so kann er aussehen

Vanessa absolviert ihr Betriebspraktikum als Maurerin in einer Baufirma. Das ist ungewöhnlich für ein Mädchen, aber ihr macht das nichts aus. Ihr Vater arbeitet auf dem Bau, er hat ihr die Stelle vermittelt. Vanessa trainiert regelmäßig in einem Fitnessstudio. Harte körperliche Arbeit und schlechtes Wetter machen ihr nichts aus. Gleich zu Beginn erfährt sie, wie wichtig Zuverlässigkeit, Teamfähigkeit und die Sicherheitsregeln auf dem Bau sind. Man muss sich aufeinander verlassen können.

Nach der Arbeit fasst sie ihren Tag in einem Tagesbericht zusammen. Dabei verwendet sie die Fachbegriffe, die sie gelernt hat.

Tagesbericht **Wochentag:** Montag **Datum:** 25.9.2023 **Arbeitsbeginn:** 7:30 Uhr	
Tätigkeiten vor der ersten Pause	Arbeitskleidung anziehen; Arbeit für den Tag besprechen; Transporter beladen; Werkzeuge und Material für den Tag einladen; zur Baustelle fahren; Transporter entladen
Genutzte Werkzeuge und Materialien	Betonmischer, Mörtel, Mauersteine, Wasser, Spachtel, Kellen
Arbeitsorte	Lager des Betriebs, Transporter, Baustelle
1. Pause: von 9:30 Uhr bis 9:45 Uhr	
Tätigkeiten nach der ersten Pause	Mörtel angemischt aus Zement, Sand und Kalk; Mauerschnur gespannt; Steine angereicht; beobachtet, wie der Maurergeselle mauert; mit der Wasserwaage geprüft, ob genau gearbeitet wurde
Genutzte Werkzeuge und Materialien	Maurerschnur, Betonmischer, Mörtel, Mauersteine, Wasser, Spachtel, Kellen
Arbeitsorte	Baustelle
2. Pause: von 12:30 Uhr bis 13:15 Uhr	
Tätigkeiten nach der zweiten Pause	Neue Lieferung mit Dämmmaterial angenommen; Mörtel angemischt; dem Gesellen geholfen; Arbeitsplatz aufgeräumt; Werkzeuge in den Transporter wieder eingeräumt
Genutzte Werkzeuge und Materialien	wie am Vormittag
Arbeitsorte	Baustelle, Transporter, Betrieb
Arbeitsende: 16:30 Uhr	

Wochentag: ______________ **Datum:** ______________ **Arbeitsbeginn:** ________

Tätigkeiten vor der ersten Pause	______________________________ ______________________________ ______________________________ ______________________________
Genutzte Werkzeuge und Materialien	______________________________ ______________________________
Arbeitsorte	______________________________

1. Pause: von ______________ Uhr bis ______________ Uhr

Tätigkeiten nach der ersten Pause	______________________________ ______________________________ ______________________________ ______________________________
Genutzte Werkzeuge und Materialien	______________________________ ______________________________
Arbeitsorte	______________________________

2. Pause: von ______________ Uhr bis ______________ Uhr

Tätigkeiten nach der zweiten Pause	______________________________ ______________________________ ______________________________
Genutzte Werkzeuge und Materialien	______________________________ ______________________________
Arbeitsorte	______________________________

Arbeitsende: ______________ Uhr

Digital+
Vorlage für einen Tagesbericht
WES-145081-002

Mein Praktikum – was hat es mir gebracht?

> Die Arbeit hat Spaß gemacht. Ich durfte viel machen und habe Einiges gelernt.

> Die Arbeit war körperlich anstrengend. Abends war ich sehr müde.

> Ich habe bemerkt, dass mir diese Art von Arbeit nicht liegt. Mein nächstes Praktikum mache ich in einem anderen Berufsfeld.

> Ich bin gut mit den Kollegen und Kolleginnen zurechtgekommen. Das war eine gute Erfahrung.

> Die Arbeitszeiten waren für mich sehr ungewohnt.

> Ich habe erfahren, dass ich schon Einiges kann, aber noch Vieles lernen muss.

So unterschiedlich äußern sich Schülerinnen und Schüler nach dem Praktikum.

1 Was denkst du über deine Erfahrungen? Nimm Stellung zu den folgenden Punkten.

a) Das fand ich positiv. Das hat mir an dem Betrieb und an dem Beruf gefallen.

____

____

b) Das ist mir im Praktikum gelungen. Darauf bin ich stolz. Dafür wurde ich gelobt.

____

____

c) Das war für mich eher negativ im Praktikum. Das hat mir nicht so gut gefallen.

____

____

d) Das würde ich gerne in meinem nächsten Praktikum anders und besser machen.

____

____

2 Wie bewertest du dein Praktikum im Rückblick? Kreuze an.

Aussagen zu meinem Praktikum	++	+	–	––
1. Insgesamt hat mir das Praktikum gefallen.				
2. Das Praktikum war nützlich für mich. Ich bin einen Schritt weiter.				
3. Ich habe Einiges über die Abläufe in dem Betrieb gelernt.				
4. Ich weiß jetzt besser, was ich später einmal arbeiten möchte.				
5. Ich traue mir jetzt mehr zu. Ich bin selbstbewusster.				
6. Ich möchte später auf jeden Fall in diesem Beruf arbeiten.				
7. Ich möchte noch einen anderen Beruf kennenlernen.				

Wie gut bin ich heute schon für den Beruf geeignet?

Bei der Vorbereitung auf das Praktikum hast du dich mit den Kompetenzen beschäftigt, die für den Beruf notwendig sind. Schau dir noch einmal die **Seiten 4 und 5** dieser Mappe an. Was denkst du nach deinen Erfahrungen im Praktikum darüber?

Welche Kompetenzen werden in meinem Praktikumsberuf benötigt? Was kann ich schon ganz gut?

1. Notiere jeweils zwei Kompetenzen in der linken Spalte, die in deinen Praktikumsberuf besonders wichtig sind.
2. Notiere jeweils ein praktisches Beispiel in der mittleren Spalte.
3. Kreuze in der rechten Spalte an, wie gut du deine eigenen Fähigkeiten jeweils einschätzt. (+ = gut; 0 = mittel; – = nicht so gut)

Soziale Kompetenzen	Warum ist diese Kompetenz für den Beruf wichtig? Begründe mit einem Beispiel.	Selbsteinschätzung
1. ______ ______	______ ______	+ 0 –
2. ______ ______	______ ______	+ 0 –

Digital+ Vorlage zur Selbsteinschätzung der eigenen Kompetenzen WES-145081-003

Körperliche Kompetenzen	Warum ist diese Kompetenz für den Beruf wichtig? Begründe mit einem Beispiel.	Selbsteinschätzung
1. ______ ______	______ ______	+ 0 –
2. ______ ______	______ ______	+ 0 –

Geistige Kompetenzen	Warum ist diese Kompetenz für den Beruf wichtig? Begründe mit einem Beispiel.	Selbsteinschätzung
1. ______ ______	______ ______	+ 0 –
2. ______ ______	______ ______	+ 0 –

Meine Ziele für das nächste Jahr

Wenn du dir sinnvolle und erreichbare Ziele für das nächste Jahr steckst, dann kannst du am besten Fortschritte machen. Beginne damit, dass du dir erst einmal bewusst machst, was du schon für Kompetenzen hast.

Diese Kompetenzen habe ich und ich möchte sie weiter verbessern:

____

____

____

____

____

____

Diese Fähigkeiten möchte ich in Mathe verbessern:

____

____

Diese Fähigkeiten möchte ich in Deutsch verbessern:

____

____

Das möchte ich bei der Suche nach einem Praktikumsplatz verbessern:

____

____

____

____

Meine Ziele

für das nächste Jahr

Mit diesen Menschen werde ich mich beraten:

____

____

____

____

In diesem Beruf möchte ich mein nächstes Praktikum machen:

____

Wenn ich von der Schule abgehe, dann möchte ich …

____

____

____

Dieses zwei Verhaltensweisen möchte ich verbessern:

1. ______________________________

____

____

2. ______________________________

____

____